Перший ілюстрований словник
Тварини

Свиня

Кролик

Метелик

Лисиця

Ілюстрації: Анна Іванір

www.kidkiddos.com
Copyright ©2024 by KidKiddos Books Ltd.
support@kidkiddos.com

All rights reserved. No part of this book may be reproduced in any form or by any electronic or mechanical means, including information storage and retrieval systems, without written permission from the publisher, except in the case of a reviewer, who may quote brief passages embodied in critical articles or in a review.
First edition, 2025

Library and Archives Canada Cataloguing in Publication
First Picture Dictionary - Animals (Ukrainian edition)
ISBN: 978-1-83416-249-2 paperback
ISBN: 978-1-83416-250-8 hardcover
ISBN: 978-1-83416-248-5 eBook

Дикі тварини

Бегемот

Панда

Лисиця

Носоріг

Олень

Лось

Вовк

✦ Лось добре плаває і може пірнати під воду, щоб їсти рослини!

Білка

Коала

✦ Білка ховає горіхи на зиму, але іноді забуває, де їх сховала!

Горила

Домашні тварини

Канарка

Морська свинка

✦ Жаба може дихати як через шкіру, так і через легені!

Жаба

Хом'як

Золота рибка

Собака

✦Деякі папуги можуть повторювати слова і навіть сміятися, як людина!

Кіт

Папуга

Тварини в небі

Дятел

Чайка

✦ Яструб може помітити маленьку мишу з великої висоти!

Орел

Голуб

Яструб

Комар

Бабка

◆Бабка була однією з перших комах на Землі ще до динозаврів!

Бджола

Метелик

Сонечко

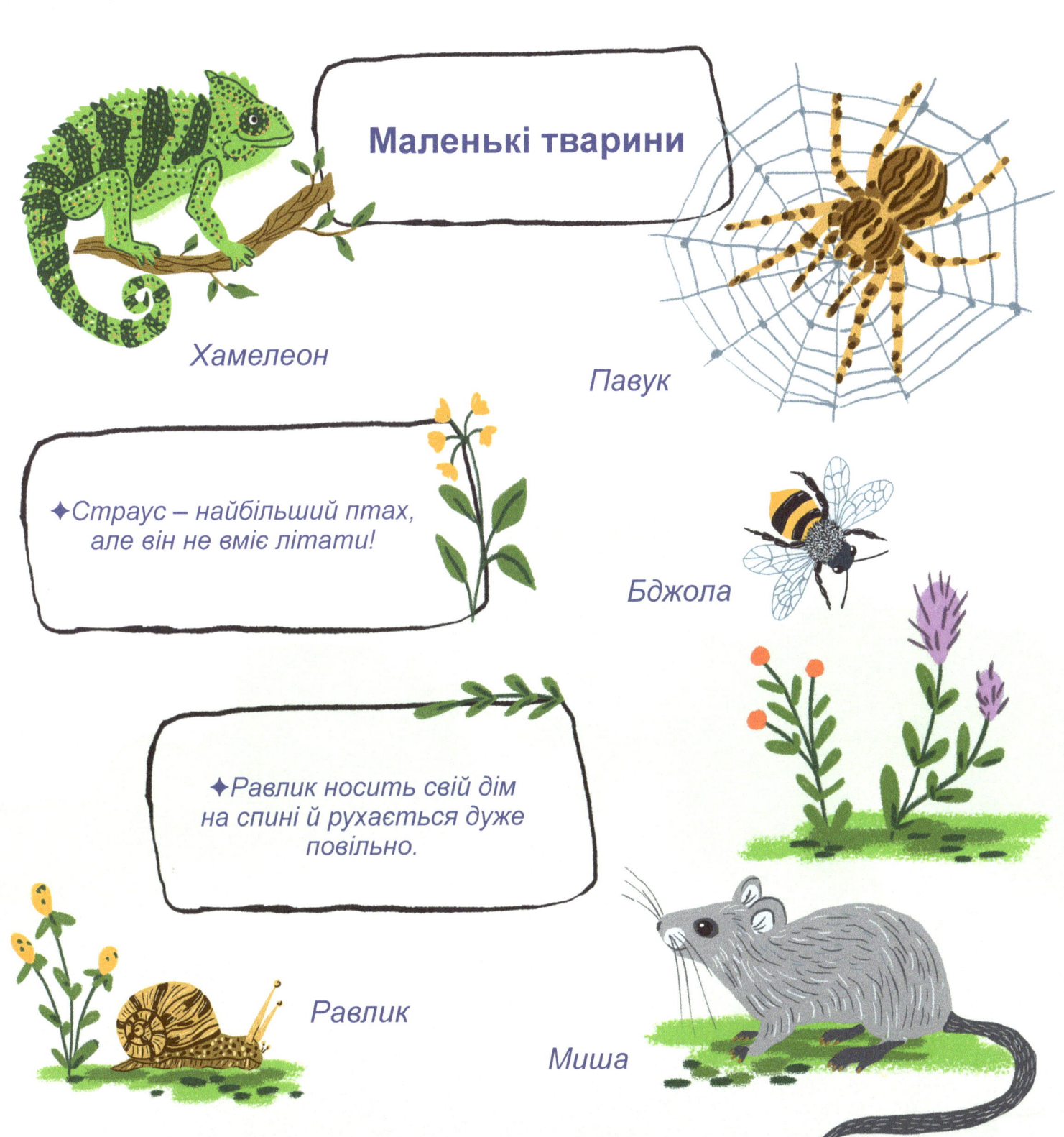

Сова

Кажан

✦Сова полює вночі й використовує слух, щоб знайти їжу!

✦Світлячок світиться вночі, щоб знайти інших світлячків.

Єнот

Тарантул

Кольорові тварини

Фламінго рожевий

Сова коричнева

Лебідь білий

Восьминіг фіолетовий

Жаба зелена

✦ Жаба зелена, щоб ховатися серед листя.

Тварини та їхні дитинчата

Корова і теля

Кішка і кошеня

Курка і курча

◆ Курча спілкується з мамою ще до того, як вилупиться.

Собака і цуценя

Метелик і гусінь

Вівця і ягня

Кінь і лоша

Свиня і порося

Коза і козеня

www.ingramcontent.com/pod-product-compliance
Lightning Source LLC
LaVergne TN
LVHW072005060526
838200LV00010B/286